Me Pregunto Por Qué

Los griegos construían templos

y otras preguntas sobre la antigua Grecia

Fiona Macdonald

EVEREST

Título original: *I Wonder Why Greeks Built Temples*
Diseñador de la colección: David West Children's Books
Autora: Fiona Macdonald
Ilustraciones: Simone Boni (Virgil Pomfret) 26–27; Peter Dennis (Linda Rogers) 8–9, 14–15, 24–25; Chris Forsey cover; Terry Gabbey (AFA Ltd) 18–19; Luigi Galante (Virgil Pomfret) 6–7, 16–17; Ian Jackson 22–23, 30–31; Tony Kenyon (BL Kearley) todos los dibujos; NickiPalin 20–21, 28–29; Claudia Saraceni 12–13; Thomas Trojer10–11; RichardWard 4–5.

Dirección editorial: Raquel López Varela
Coordinación editorial: Ana Rodríguez Vega
Traducción: Alberto Jiménez Rioja
Maquetación: Eduardo García Ablanedo

Copyright © Kingfisher Publications Plc 2005
Copyright © EDITORIAL EVEREST, S. A.
www.everest.es
Atención al cliente: 902 123 400
ISBN: 84-241-0639-3 (Colección completa)
ISBN: 84-241-0642-3
Depósito Legal: LE. 636-2006
Printed in Spain - Impreso en España
EDITORIAL EVERGRÁFICAS, S. L.
Carretera León-La Coruña,
km 5 León (España)

CONTENIDOS

¿Quiénes eran los griegos clásicos?

Los griegos clásicos eran personas que vivieron en Grecia desde hace unos 3 500 años. Pero no sólo vivían allí. Algunos lo hacían al norte y al este, en las tierras que ahora llamamos Bulgaria y Turquía. Otros vivían en pequeñas islas rocosas del mar Egeo.

● Muchos griegos fueron en barco al norte de África, a Turquía, Italia y Francia. Encontraron puertos resguardados donde construyeron casas y pueblos, y cultivaron la tierra.

Tierra natal de los griegos

Colonias griegas

FRANCIA

ITALIA

Mar Mediterráneo

TURQUÍA

Mar Egeo

ÁFRICA DEL NORTE

● Hacia el 500 a.C. el mundo griego era grande, rico y poderoso. Se extendía desde Francia, al oeste, hasta Turquía, al este.

● Fueran donde fuesen, los pobladores griegos conservaban su forma de vida. ¡Qué raros debieron parecerles a los lugareños!

• Los griegos eran gente de talento. Tenían leyes justas y ejércitos fuertes. Construyeron bellos templos y teatros. Y eran grandes pensadores, artistas y atletas.

¿Por qué creció y creció Grecia?

Grecia era pequeña, y la mayor parte de su territorio era demasiado rocoso para la agricultura y la ganadería. Hacia el 750 a.C. quedaba ya poco espacio para granjas o pueblos nuevos y la comida empezaba a escasear. Por esto mucha gente se fue de Grecia para buscar un lugar donde vivir, y el mundo griego empezó a crecer.

¿Era Grecia un país grande y dichoso?

La Grecia antigua no era un único país como es hoy. Estaba formado por diferentes estados separados por montañas altas, valles profundos o por el mar. Los estados no eran mucho mayores que ciudades, pero todos tenían sus propias leyes y su propio ejército, y solían combatir entre ellos. Atenas era la ciudad-estado más grande de todas.

● Cada estado consistía en una ciudad y el campo que la rodeaba. Muchas ciudades-estado se hallaban cerca del mar y tenían además un puerto.

PUERTO

TEMPLO

PRISIÓN

ÁGORA

ESCUELA

MURALLAS

GRANJA

¿Dónde tenían los ciudadanos voz y voto?

● Esparta era una ciudad-estado del sur de Grecia. Estaba gobernada por dos reyes, de familias reales distintas, asistidos por un consejo de ancianos sabios.

TEATRO

CASAS

● En la mayoría de las casas ricas de Grecia había esclavos. Los esclavos hacían todo el trabajo duro: la construcción, las faenas de la granja, el cuidado de la casa y de los niños.

En Atenas todos los hombres adultos que no eran esclavos eran ciudadanos. Los ciudadanos podían elegir a sus funcionarios y votar a favor o en contra de nuevas leyes, así como hablar ante la asamblea. Ésta era una gran reunión al aire libre donde la gente se levantaba y le decía al gobierno lo que debería hacerse.

● A cada asamblea asistían al menos 6 000 ciudadanos. Se reunían en la ladera de una colina de Atenas y votaban a mano alzada.

¿Dónde avanzaba el reloj gota a gota?

Los ciudadanos que hablaban en la asamblea no tenían permitido extenderse demasiado. El tiempo de cada orador se medía con un reloj de agua. Cuando caía la última gota del recipiente, su tiempo acababa. Tenía que sentarse ¡y morderse la lengua!

¿Quiénes eran los soldados más bravos?

Los soldados de Esparta formaban el ejército más fiero de la Grecia clásica. Eran valientes e implacables y estaban muy bien preparados. Ninguno de ellos tenía un trabajo normal, ni siquiera en tiempos de paz. Pasaban toda la vida entrenándose y combatiendo.

● Los guerreros espartanos eran famosos por su largo cabello suelto. Antes de la batalla, se sentaban y lo cepillaban. ¡Quizá sus largas melenas les hicieran sentirse como leones!

● Para los espartanos, la valentía era lo más importante de todo. Castigaban a los cobardes ¡afeitándoles la mitad de la cabeza y de la barba! Era una de las más terribles desgracias.

¿Quién pagaba las armas y las armaduras?

● Los soldados griegos luchaban codo con codo en apretadas filas llamadas falanges. El escudo de cada soldado se montaba en parte sobre el de su vecino, conformando un resistente muro de escudos que los protegía a todos.

Los soldados griegos tenían que pagar sus propias armas y armaduras. Los soldados ricos se compraban una lanza y una espada bien afiladas, un escudo resistente y una armadura cara, pero los pobres tenían que apañárselas con lo que encontraran y, a veces ¡con una simple piel de animal y una maza de madera!

● En Esparta no sólo tenían que estar en forma los hombres. Las mujeres hacían un montón de ejercicio para que sus bebés nacieran fuertes y sanos.

● Después de ganar la batalla, los soldados a veces ofrecían su armadura a los dioses para demostrarles su gratitud. La dejaban en el interior de un templo o la colgaban de las ramas de un árbol.

9

¿Por qué tenían los barcos proas tan largas?

Los barcos de guerra griegos tenían una larga punta en la proa. Esta punta se llama espolón, y al combatir podía resultar mortífera. Los remeros remaban tan rápido como podían hacia el barco enemigo y trataban de perforar su casco con el espolón. Con un poco de suerte hundían el barco enemigo y la tripulación se ahogaba.

● Casi todos los barcos griegos llevaban un gran ojo pintado en cada lado de la proa. Los marineros esperaban que estos ojos de mirada fija alejaran a los malos espíritus y protegieran a los hombres hasta su vuelta a casa.

● Los mayores barcos de guerra se llamaban trirremes y tenían tres filas de remeros a cada lado. Con 170 hombres remando, estos barcos se deslizaban por el agua a una velocidad asombrosa.

● Todos los barcos llevaban un flautista que tocaba melodías con un ritmo constante. Los hombres remaban al ritmo de la música ¡para no enredar unos remos con otros!

¿Por qué era más fácil viajar por mar?

Grecia tiene muchas islas, y los barcos siguen siendo casi el único medio para ir de una a otra. Pero los antiguos griegos también usaban el barco para moverse por la porción continental. Navegar siguiendo la costa era mucho más rápido y sencillo que enfrentarse a empinados senderos pedregosos ¡a lomos de un burro hecho polvo!

¿Quién era la diosa de la sabiduría?

Atenea era la diosa de la guerra y de la sabiduría, y su símbolo era una lechuza dorada. Sus poderes le permitían proteger la ciudad de Atenas, y los ciudadanos la amaban y le rendían culto. Le construyeron un templo para ella sola, el Partenón, en lo alto de la Acrópolis, un promontorio que domina la ciudad.

● Según las leyendas, los dioses vivían en la cima del monte Olimpo, el más alto de Grecia. Pero no siempre se comportaban como cabría esperar de unos dioses… ¡Se pasaban el día regañando!

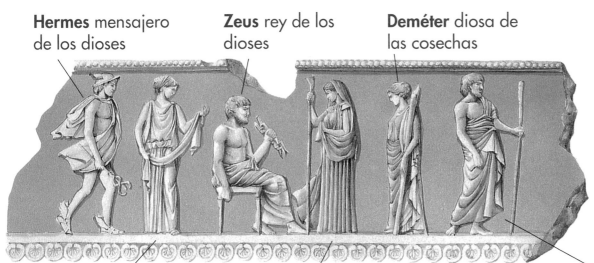

Hermes mensajero de los dioses

Zeus rey de los dioses

Deméter diosa de las cosechas

Afrodita diosa del amor y la belleza

Hera reina de los dioses, diosa de las mujeres y los niños

Hades dios del averno

● Los griegos creían en muchos dioses y diosas. Todos tenían poderes distintos. Algunos eran amables, pero otros eran severos y crueles.

¿Quién contó historias sobre los dioses?

● Poseidón era el rey del mar. Intentó hundir el barco de Odiseo desatando violentas tempestades.

Un famoso poeta llamado Homero contó muchas historias fascinantes sobre dioses y héroes. Su largo poema la *Odisea* narra las aventuras de Odiseo (Ulises), un soldado griego que volvió navegando a su hogar en Ítaca después de la guerra de Troya. El dios del mar Poseidón intentó hundir su barco pero, con la protección de Atenea, Odiseo logró volver a su casa.

● En el interior del Partenón se levantaba una enorme estatua de Atenea ¡como diez veces más alta que tú! Estaba cubierta de oro y marfil.

¿Quiénes hablaban con los árboles?

Los griegos creían que unas diosas de la naturaleza llamadas dríades vivían en lo profundo de los bosques. Sacerdotes y sacerdotisas guardaban los sagrados bosques y rezaban a las dríades. Después escuchaban con atención cualquier susurro de los árboles: ¡podía ser la respuesta de las diosas!

● Según las leyendas, las dríades llevaban coronas de hojas y bailaban por el bosque. También blandían hachas, para atacar a quien dañara sus árboles.

● En Atenas había al menos 40 fiestas religiosas al año. Hay pinturas de estas festividades en las jarras de vino y otras piezas de cerámica griega. A la gente le encantaban las fiestas. No tenían que trabajar y había un montón de comida y bebida gratis.

● Los ricos llevaban animales al templo para sacrificarlos a los dioses, pero los pobres no podían desprenderse de sus propios animales, así que llevaban animalitos de pan.

¿Dónde echaban los griegos el vino?

Muchos griegos rezaban a los dioses en sus propias casas, en un altar especial. Les gustaba hacerles ofrendas de comida o vino. A veces, los adoradores vertían una jarra de vino entera sobre el altar, pero lo normal era que se lo bebieran casi todo, ¡y dejaran sólo una gotita para los dioses!

¿Por qué construían templos los griegos?

Los griegos construían templos para albergar a sus dioses. Los hacían con tanto lujo como podían, usando los materiales de más calidad y los mejores artesanos, para que los dioses quedaran complacidos. Elegantes estatuas, altas columnas y frisos pintados decoraban el exterior. Dentro, las estancias estaban llenas de tesoros.

● El Partenón de Atenas fue edificado con deslumbrante mármol blanco. Los enormes bloques de piedra se llevaban hasta el edificio en carros arrastrados por bueyes y se elevaban hasta los constructores con cuerdas y poleas.

¿Qué manos se hacían ricas?

Los artesanos griegos eran muy habilidosos y hacían trabajos muy bellos. Los canteros tallaban figuras de mármol, los orfebres fabricaban estatuas y jarrones de bronce, y los ceramistas y pintores hacían piezas maravillosas. Algunos se hacían ricos y famosos, y vendían sus obras tanto en casa como en el extranjero.

● Los ceramistas griegos tenían fama por sus hermosos cuencos, jarros y copas. Trabajaban con pintores que decoraban la cerámica en rojo o negro, con ilustraciones de héroes, dioses o gente normal.

● Los escultores griegos esculpieron estatuas preciosas. Una historia narra cómo el escultor Pigmalión talló con tal realismo la estatua de una mujer que ¡se enamoró de ella! Afrodita, la diosa del amor, se apiadó de él y dio vida a la estatua.

● Las columnas de los templos no eran de una sola pieza. Se construían con varios trozos cilíndricos que se unían mediante cajeados y vástagos. Las piezas encajaban perfectamente ¡siempre que las pusieras en el orden correcto!

¿Cuándo se casaba una pareja?

La mayoría de los novios se casaban ¡cuando querían sus padres! Un padre rico buscaba un buen partido para su hijo o su hija, alguien que hiciera a la familia aún más rica e importante de lo que era. Las novias griegas tenían sólo trece o catorce años cuando se casaban. Sus maridos solían ser mayores: de 30 años por lo menos.

● En el día de la boda, la novia era llevada en carro hasta la casa del novio. Había jolgorio y música, y antorchas encendidas iluminaban el camino.

● El carro de la novia se rompía después de la boda para simbolizar que la recién casada ya no podía volver a su antiguo hogar.

¿Qué hacían las chicas durante el día?

Las hijas de familias ricas a veces aprendían a leer en casa, pero las chicas no iban al colegio. Sus madres les enseñaban a hilar madejas de lana y a tejer telas. Las mujeres griegas hacían toda la toda la ropa de la casa y la familia: cortinas, mantas, alfombras, prendas de vestir…

● Una leyenda griega narra la historia de una chica llamada Aracne, que se creyó mejor tejedora que la diosa Atenea. Atenea se enfadó tanto que convirtió a Aracne en una araña. ¡Y ya no pudo tejer más que su tela de araña!

● Pocas mujeres aprendían a leer y a escribir. Sin embargo, uno de los poetas griegos más famosos fue una mujer, Safo, que vivió hace unos 2 500 años.

¿Quiénes iban al gimnasio a diario?

"Gymnasium" era la palabra griega que designaba a la escuela. Los chicos empezaban a ir hacia los siete años. Aprendían cosas usuales como lectura, escritura y cálculo, y también a pronunciar discursos, recitar y cantar.

¿Dónde se compraban higos, judías, queso y verduras?

Los habitantes de los pueblos compraban la comida en el ágora, mercado al aire libre del centro del pueblo. Siempre estaba lleno de fruta fresca, verduras y cereales, todo cultivado en las granjas vecinas. También se podía comprar queso de leche de oveja o de cabra aromatizado con hierbas.

● Los granjeros cargaban sus burros con comida que vendían en el ágora: frutas, verduras, quesos, pollos ¡y uno o dos cochinillos gritones!

● Cada año después de la vendimia, la gente tenía que saltar en grandes tinas de madera y aplastar las uvas para hacer vino. Era un trabajo que acaloraba, cansaba y pringaba.

¿Por qué pegaban los granjeros a sus árboles?

Antes de recoger las aceitunas, los granjeros extendían grandes piezas de tela bajo los árboles. Después golpeaban las ramas para que los frutos maduros cayeran sobre la tela. Esto era mucho más rápido y fácil ¡que recoger las aceitunitas una a una!

• La gente normal apenas compraba carne, porque era cara. Por eso cuando lo hacían se comían hasta el último bocado. Freían los pulmones, estofaban los intestinos ¡y cocían los sesos!

¿Se emborrachaban los griegos en la comida?

¡Por supuesto que no! Algunos bebían vino en la comida, pero lo mezclaban con mucha agua. La mayoría de la gente prefería leche. Entre sus alimentos favoritos estaban el pan, la avena, los huevos, el pescado y los higos.

¿Por qué llevaban máscaras los actores?

En la Grecia clásica, sólo los hombres y los niños podían ser actores. Tenían que llevar máscaras para que los espectadores supieran que papel interpretaban: de hombre o de mujer, de sabio o de tonto. Los teatros griegos eran gigantescos, con asientos para más de 17 000 personas. Desde el fondo no se veían los rostros de los actores, pero las grandes y coloridas máscaras se reconocían bien.

● Los teatros griegos descansaban sobre laderas empinadas. Su forma semicircular ayudaba a llevar la voz de los actores hasta el fondo, ¡aunque susurraran!

● Algunas obras duraban un día entero. Los espectadores se llevaban cojines y mantas para ponerlas sobre los duros asientos de piedra, y compraban tentempiés y vino cuando sentían hambre o sed.

¿Cómo se tocaba música con una tortuga?

Es triste decirlo, pero se tocaba sólo cuando estaba muerta. Su caparazón vacío se usaba para hacer una lira, instrumento musical parecido al arpa. Los músicos sujetaban cuerdas al caparazón y las punteaban para tocar las melodías.

● La flauta doble era otro instrumento popular, pero difícil de tocar. Tenías que soplar el doble que con una flauta normal y cada mano interpretaba una melodía diferente.

● El personal del teatro llevaba grandes bastones por si había alborotos. A veces el numeroso público se dejaba llevar por la obra y se enzarzaba en peleas. ¡Unos cuantos bastonazos los calmaban rápido!

¿Por qué se celebraban las olimpiadas?

Los juegos olímpicos formaban parte de una festividad religiosa en honor de Zeus, rey de los dioses. Cada cuatro años, 20 000 personas acudían en masa a Olimpia para ver a los atletas correr, boxear, luchar y conducir carros. La prueba más dura era el pentatlón. Los participantes debían competir en cinco ejercicios: salto de longitud, carrera, lucha, lanzamiento de disco y lanzamiento de jabalina.

● Las mujeres tenía prohibido participar en las olimpiadas. Ellas celebraban sus propios juegos en honor de Hera, reina de los dioses. Estos juegos consistían en una única prueba: carrera.

● En las olimpiadas todos los atletas iban desnudos. Los griegos estaban orgullosos de sus cuerpos y ¡no les daba vergüenza enseñarlos!

¿Recibían medallas los ganadores?

Ganar en las olimpiadas era un gran honor, como lo es hoy. Pero en los juegos antiguos no había medallas. En su lugar, los ganadores recibían coronas de hojas de laurel, jarras de aceite de oliva, bellos floreros o vasijas y piezas de lana, seda o lino para hacerse ropa.

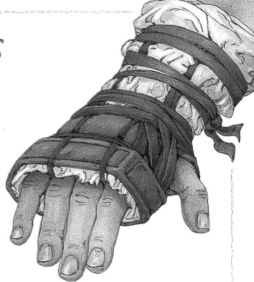

• Los boxeadores griegos no llevaban guantes acolchados como los actuales. Sólo se envolvían los nudillos con tiras de cuero.

¿Quién corrió el primer maratón?

En el 490 a.C. los griegos ganaron una batalla en Maratón, a unos 42 kilómetros de Atenas. Un soldado griego llamado Filípides fue corriendo hasta Atenas para comunicar la buena nueva a los ciudadanos. Por desgracia, el "maratón" lo dejó exhausto, y el pobre sufrió un colapso y murió.

• En los juegos antiguos no había carreras de maratón, pero hoy sí. Miden 42 kilómetros: la misma distancia que el pobre Filípides corrió hace 2 500 años.

¿Por qué hacían tantas preguntas los médicos?

Los médicos griegos sabían que era importante averiguar lo más posible sobre sus pacientes. Por eso les preguntaban de todo: qué comían, si hacían ejercicio y demás. La gente había creído que la enfermedad era un castigo de los dioses, pero los médicos griegos tenían ideas más científicas.

¿Quién tuvo sus mejores ideas en el baño?

Arquímedes fue un matemático que vivió en Grecia hacia el 250 a.C. Un día, cuando estaba bañándose, resolvió al fin un problema que le había dado la lata durante años. Se emocionó tanto que salió de un salto de la bañera y exclamó: ¡Eureka! (¡Lo encontré!), ¡y salió corriendo a la calle para contárselo a sus amigos!

• A los griegos les encantaba aprender ideas nuevas. Se sentaban bajo un árbol frondoso y hablaban durante horas de toda clase de cosas, desde el modo de vida de la gente al porvenir del mundo.

¿Quién descubrió que la Tierra es redonda?

Los científicos griegos se interesaban mucho por la Tierra y el espacio. Hacia el 470 a.C., un científico llamado Parménides contemplaba un eclipse de luna. Notó que la Tierra arrojaba una sombra curva sobre la Luna y dedujo que si la sombra era curva ¡también la Tierra debía serlo!

• Diógenes fue un famoso pensador griego. Vivía en un viejo barril de madera para que la gente se diera cuenta de que no le importaban el dinero ni las posesiones. Sólo le interesaban las ideas.

¿Cómo conocemos la Grecia clásica?

De la Grecia clásica han sobrevivido toda clase de cosas; no sólo edificios y estatuas, sino también escritos, armas, joyas y monedas. Los historiadores estudian todas estas cosas.

Buscan claves para reconstruir una imagen del pasado, como los detectives buscan pistas para resolver un caso.

● La cerámica griega nos dice mucho de la vida en la Grecia clásica. Está decorada con pinturas de familias en sus hogares, atletas, festividades y trabajadores. ¿Adivinas cuál es la profesión del hombre de este plato?

- El mundo griego empezó a desmoronarse hacia el 300 a.C. En Italia los romanos se hacían cada vez más fuertes. Invadieron Grecia en el 148 a.C. y pronto se hicieron con el poder.

¿Quién copió a los griegos?

Hace unos 2 000 años, los romanos invadieron Grecia. Vencieron a sus ejércitos y agregaron sus tierras a su propio imperio. Pero la gente romana respetaba el modo de vida griego. Admiraban la poesía, el teatro, los edificios y en general todo el arte griego. Les copiaron muchas ideas y las usaron para mejorar sus vidas.

- La Acrópolis es un gran promontorio rocoso situado en el centro de Atenas. Si subes a la cima, estarás en el corazón de la Grecia clásica. Te rodearán bellos edificios entre los que se encuentra el Partenón, templo construido para la diosa Atenea entre el 447 y el 432 a.C.

- Los templos griegos han sobrevivido casi 2 500 años, pero hoy están siendo dañados por la contaminación del aire, que ataca la piedra y la corroe.

Índice